A tarefa de Gabriel

Mariana Frungilo

Ilustração: L.Bandeira

A mamãe de Gabriel estava muito chateada com ele:

— Você precisa ser mais obediente e, para que possa aprender, esta tarde não vai jogar bola com seus amigos.

— Ahhh!!! Isso não está certo...

— Está decidido, Gabriel! Nada de bola! Assim terá tempo de pensar no que fez de errado.

Gabriel era um menino alegre, carinhoso, mas tinha o hábito de desobedecer a seus pais, gritando quando algo lhe era contrariado, e naquele dia aconteceu que, logo após chegar da escola, sua mãe lhe disse, enquanto observava as anotações da professora em seu caderno:

— Filho, a professora Anita anotou aqui que você não entregou a tarefa que ela pediu aos alunos ontem. E você me disse que ontem não tinha tarefa!

— É que a tarefa era muito chata e eu não gosto de fazer coisas chatas... e ir à escola também é chato... não vou mais à escola !!!

— Você se lembra do gibi que leu ontem, antes de dormir?

— Lembro, mas o que isso tem a ver com a escola?

— Você não teria conseguido ler se não estivesse indo à escola, aprendido todas as letras e como estas formam as palavras. E, ontem à tarde, quando me pediu dinheiro para tomar sorvete, como poderia saber pagá-lo se não tivesse aprendido a somar e dividir? Se soubesse quantas coisas na vida nós temos que somar e dividir...

E então, a mãe de Gabriel lhe falou que naquela tarde ele não poderia jogar bola, como uma maneira de ele perceber que temos nossos momentos de lazer, brincadeiras e alegria, mas também devemos saber que temos os momentos de responsabilidade, como o de fazer a tarefa para a escola...

Gabriel ficou emburrado por não poder sair para jogar bola, e mais ainda, quando sua mãe lhe disse que já era a hora de fazer a tarefa.

— Ai, meu Deus!!! Tarefa... Tarefa... bah !!!

O menino, então, abriu seu caderno e percebeu que, naquele dia, a tarefa era um pouquinho diferente. Estava escrito:

Queridos alunos, hoje teremos uma tarefa um pouco diferente (espero que gostem).

Vocês terão que fazer um passeio pelo bairro onde moram e escrever como vocês o veem: as casas, os animais, as pessoas, a natureza e tudo o que observarem nesse passeio.

Gabriel pensou, chateado:

— Huummm... melhor eu fazer esta tarefa logo. Quem sabe, o dia passa mais rápido e amanhã já sou liberado para jogar bola com os meus amigos.

E, assim, avisou sua mãe:

— Mãe, vou sair um pouco...

— Não, filho, a mamãe já falou que você está de castigo e...

— Mas, é a tarefa...

— Como assim?

Gabriel lhe mostrou o caderno e ela concordou que ele saísse, mas recomendou que voltasse logo para escrever o que achou do passeio.

O garoto saiu irritado.

— Bah! Olhar o bairro! Que graça isso tem? Olho esse bairro todos os dias...Que chato!

Ao dizer "que chato", Gabriel chutou uma pedrinha com toda força, tamanha a raiva que estava naquele momento.

— Caim, caim, caim...

A pedra que Gabriel chutou quase atingiu um cachorrinho que andava pela calçada. Muito assustado, o cachorrinho saiu correndo para o meio da rua... e aí...

— POF, BLUM, PÉIN...

Vinha vindo um carro e o motorista, na tentativa de desviar do cachorrinho, bateu em um outro veículo que estava estacionado.

O rapaz que dirigia o carro desceu, bastante nervoso, e começou a procurar o dono da outra condução na qual ele havia batido. Então lhe informaram que era seu Onofre, proprietário de uma pequena quitanda, na esquina.

— Vou lá falar com ele — e, assim, foi o rapaz para dar a explicação do ocorrido, mas nem precisou andar muito, pois com o barulho da pancada, seu Onofre já caminhava em sua direção e exclamava a alguns metros de distância de seu carro.

— Ai, meu Deus! No meu carro, não... Como vou fazer para buscar as verduras? Quanto tempo vou ficar sem carro? Ai, meu Deus!

Felipe, que era o nome do rapaz que batera em seu carro, foi ao seu encontro.

— Calma, seu Onofre! Vou consertar o carro para o senhor e...

— Vai consertar? Mas e todo o tempo que vou ficar sem poder buscar minhas mercadorias? Como será? — choramingava o pobre homem.

— Tenho uma caminhonete em casa e ela fica com o senhor, o tempo que for necessário...

— Ai, menos mal! Ainda bem que foi um homem de bom coração que bateu no meu carro...

Os dois homens sorriram e seu Onofre convidou o rapaz para ir até sua quitanda, tomar um suco, enquanto conversavam sobre o ocorrido.

Gabriel, que assistira a tudo, ficou bastante assustado e resolveu voltar para casa e fazer sua tarefa.

— Melhor ir para casa... afinal, não vai ser preciso dar esta volta, porque eu já conheço o bairro todo e vai ser moleza escrever sobre ele.

Ao chegar, pegou seu caderno, o lápis e sentou-se para começar a tarefa.

Tentou dar início diversas vezes, mas logo apagava, pois não conseguia sair de sua cabeça todo o ocorrido naquela tarde e não era sobre isso que Gabriel tinha a intenção de escrever.

Depois de mais algumas tentativas, acabou adormecendo... e sonhou!

Sonhou que estava em um parque cheio de crianças e, de repente, observou que tinha uma moça sentada ao seu lado.

— Oi, Gabriel! Tudo bem?

— Tudo bem, sim, mas onde eu estou? Nossa! Minha mãe vai ficar brava comigo porque ela falou que não era para eu sair, a não ser para fazer minha tarefa... mas, como vim parar aqui?

— Calma, Gabriel — falou a moça, docemente —, e que bom que está preocupado com as orientações de sua mãezinha...

— É... mas onde estou?

— Você está apenas sonhando. Ficou cansado depois do passeio de agora há pouco...

— É, mas...

— Já sei... você ficou assustado com o acidente porque sabe que, mesmo sem querer, teve um pouco de responsabilidade nele, não foi? Afinal, se não estivesse tão nervoso e chutado aquela pedrinha com tanta raiva, nada daquilo teria acontecido. Não é mesmo?

— É sim, mas não pensei que o cachorrinho ia se assustar e nem tinha visto que vinha vindo um carro...

— Sei disso, mas devemos sempre pensar no que as nossas atitudes podem vir a causar, pois somos responsáveis por tudo o que ocorrer a partir de uma atitude nossa! Vamos fazer um exercício? Você vai acordar e fazer novamente sua caminhada pelo bairro, a fim de escrever sua tarefa e vamos ver o que acontece...

Gabriel acordou sem se lembrar do sonho, mas pensou:

— Vou fazer outro passeio pelo bairro e, quem sabe, fica mais fácil escrever sobre ele.

Iniciou, então, sua caminhada com tranquilidade e avistou o cachorrinho que vinha novamente na sua direção, exatamente no ponto onde ocorrera todo o acidente. E veio abanando o rabinho para Gabriel, que logo se abaixou para lhe fazer um carinho.

— Oh, como você é fofinho! Hoje, quando o vi pela primeira vez, nem tinha reparado e... mas o que é isto aqui?

Ao acariciar o cachorrinho, Gabriel percebeu uma coleira ao redor do seu pescoço e que estava escondida entre seus pelos brancos e felpudos.

— Mas você tem dono e... Tem uma plaquinha presa na sua coleira.

Lulu - Rua das Flores, 71 Tel: 3333-3333

— Eu conheço essa rua e fica aqui no meu bairro! Vamos, Lulu! Vamos para minha casa e vou avisar à mamãe que vou levá-lo para a sua, porque não quero deixar seu dono preocupado. Sabe, Lulu, agora sou um menino obediente. Vamos....

Após avisar a mãe, Gabriel seguiu até a Rua da Flores e bateu na porta de uma casinha bastante bonita.

A porta foi aberta por uma senhora que aparentava ter chorado bastante, mas logo sorriu e chorou ainda mais ao ver o que Gabriel trazia nas mãos.

— Lulu, Lulu... não acredito! Pensei que nunca mais o veríamos. Onde você o encontrou?

— Eu o encontrei a uns três quarteirões daqui e, quando fui agradá-lo, vi que tinha uma coleirinha...

— Nossa, menino, você não sabe o bem que fez...venha comigo!

Gabriel seguiu a velhinha até um quarto onde avistou, da porta, um menininho de uns quatro anos, deitado na cama e bastante abatido. No mesmo instante, colocou o cachorrinho no chão. Lulu disparou em direção à cama e saltou sobre ela. O garoto arregalou os olhos de alegria, abrindo um largo sorriso.

— Lulu, Lulu... você voltou?! Não posso acreditar...

E a avó do menino explicou a Gabriel:

— Ele não come quase nada, desde que Lulu sumiu, há três dias, dorme pouco e fica assim, só deitado, além de ter começado a apresentar um pouco de febre. Fomos até comprar um novo cachorrinho, mas ele não quis, pois deve se sentir culpado. Falei para não abrir a porta da sala enquanto brincava com Lulu, mas ele me desobedeceu e o cachorrinho sumiu...

— É, mas ele deve ter aprendido uma lição e terá sua segunda chance, assim como eu tive...

— O que você disse? — perguntou a avó do menino.

—Nada, não... posso brincar um pouco com eles?

— Ótima ideia!!!

E depois de muito brincarem com o cãozinho e tomarem um refresco bem gostoso que a avó do garoto preparou, Gabriel voltou para casa e mal se continha de tanta alegria por tudo ter dado certo e por ter conquistado um novo amiguinho.

Pegou o caderno, o lápis e sentou-se para escrever sobre o passeio que fizera pelo bairro e, para sua própria surpresa, escreveu com a maior facilidade. E como ficou bonito o seu texto, que terminou assim:

— Obedeça aos bons conselhos, faça suas obrigações e verá como tudo se torna mais fácil e tranquilo.

Aos Pais e Evangelizadores

Instrutiva história que encerra um grande e convincente exemplo muito útil para a criança, auxiliando-a a formar seu caráter, aprendendo sobre a importância do cumprimento de seus deveres, ao mesmo tempo em que perceberá que a bondade só nos traz alegria.

Sugestão de Atividades

Sugerimos aos pais e evangelizadores que aproveitem, como a própria história discorre, a importância de se aprender a ler, escrever e realizar operações matemáticas, utilizando-se dos mais variados exemplos nas próprias atividades da criança, principalmente naquelas que mais aprecia.

Que aproveitem, também, o episódio em que o garotinho se irrita para demonstrar que a raiva é um sentimento que só nos pode fazer mal, e aos outros, mesmo nas suas mais simples exteriorizações.

Bibliografia e obras para consulta sobre o tema:

"O Evangelho Segundo o Espiritismo" – Allan Kardec

Honrai a vosso pai e a vossa mãe
– A ingratidão dos filhos e os laços de família – Cap. XIV – item 9.

Bem-aventurados aqueles que têm puro o coração
– Deixai vir a mim as criancinhas – Cap. VIII

Sede perfeitos
– O dever – Cap. XVII - item 7.

"O Livro dos Espíritos" – Allan Kardec

– Da infância - Livro II – Cap. VII (Questões 379 a 385)

Escreva sobre o que você achou deste livro. Comentários sobre a capa, as cores, o papel, a história, etc. Qualquer item. Dê a sua opinião.
comentarios@ideeditora.com.br

Gabriel, um menino esperto, adorava brincar, mas não gostava muito de estudar.

Reclamava, reclamava, reclamava! Não fazia as suas tarefas e deixava sua mãe muito preocupada.

ATÉ QUE UM DIA...

Conheça a incrível tarefa que Gabriel teve que realizar. Uma aventura de muita ação e aprendizado.

No verso desta capa: sugestão para os pais e evangelizadores

www.ideeditora.com.br

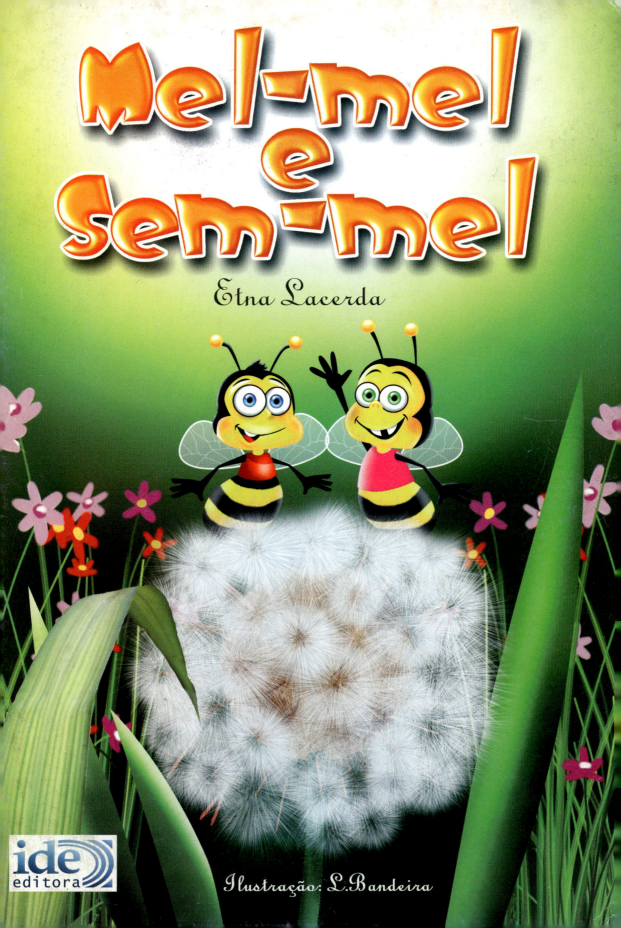

FICHA CATALOGRÁFICA
(Preparada na Editora)

Lacerda, Etna Oliveira de, 1946-
L14m   Mel-Mel e Sem-Mel / Etna Oliveira de Lacerda
Araras, SP, 1ª edição, IDE, 2011.
32 p.
ISBN 978-85-7341-554-4
1. Espiritismo para crianças. 2. Espiritismo I. Título.
CDD -133.9024
-133.9

Índices para catálogo sistemático:
1. Espiritismo para crianças 133.9024
2. Espiritismo 133.9

Ilustração e Diagramação:

L. Bandeira

© 2011, Instituto de Difusão Espírita

1ª edição - 5.000 exemplares - setembro/2011

INSTITUTO DE DIFUSÃO ESPÍRITA

Av. Otto Barreto, 1067 - Cx. Postal 110 - CEP 13602-970 - Araras - SP - Brasil

Fone (19) 3543-2400 - Fax (19) 3541-0966 - **www.ideeditora.com.br**

IDE Editora é apenas um nome fantasia utilizado pelo Instituto de Difusão Espírita,
o qual detém os direitos autorais desta obra.

IDE Editora é um departamento do INSTITUTO DE DIFUSÃO ESPÍRITA, entidade sem fins lucrativos, que promove extenso programa de assistência social aos necessitados de toda ordem.